क़ुरआन की कथाएँ

The
Kid
books

अनबाउंड स्क्रिप्ट का उपक्रम

कुरआन की कथाएँ

प्रथम संस्करण - अप्रैल, 2024

ISBN : 978-93-48497-76-5

प्रकाशक : अनबाउंड स्क्रिप्ट
2/41, अंसारी रोड,
दरियागंज, दिल्ली - 110002
वेबसाइट : www.unboundscript.com
ई-मेल : books@unboundscript.com
फोन नं. : 011-35807601

QURAN KI KATHAYEN
Retold *By* Kamini Gayakwad

Printed in India

मूल्य : ₹ 125/-

भूमिका

क़ुरआन इस्लाम की पाक किताब है। धार्मिक मान्यता है कि इस किताब को अल्लाह ने फ़रिश्ते जिब्रईल के द्वारा पैग़म्बर हज़रत मुहम्मद को सुनाया था। क़ुरआन में अल्लाह द्वारा बताए गए संदेशों और उपदेशों का वर्णन देखने को मिलता है। इन संदेशों का विस्तार आदम से हुआ। आदम को पहला पैगंबर बताया गया है।

क़ुरआन की कहानियों के इस संग्रह में अल्लाह की आदम पर कृपा का वर्णन देखने को मिलता है। आदम को अकेला पाकर अल्लाह ने उसके लिए स्त्री हौवा की रचना की। इसके बाद दोनों की संतानें हुईं और इसके साथ ही दुनिया में इंसानी जीवन चल पड़ा। साथ ही कैसे आदम के आने से फ़रिश्ते उससे जलने लगे, क्योंकि उसे अल्लाह की रहम मिल रही थी।

इस किताब में ज्ञान, रहम, सहयोग, चमत्कार जैसे तमाम पाठ, पाठकों को पढ़ने को मिलते हैं।

अनुक्रम

आदम

कहते हैं कि जब ख़ुदा ज़मीन-आसमान बना चुका तो एक दिन उसने अपने दरबार में फ़रिश्तों के सामने हज़रत आदम को उत्पन्न करने का प्रस्ताव रखा। हालाँकि फ़रिश्तों को यह प्रस्ताव पसन्द न आया और उन्होंने इस बात को नकारना शुरू कर दिया। उन्होंने कहा-"हम आपका हरेक काम हर समय करने के लिए तैयार हैं और आपको किसी भी नये प्राणी की आवश्यकता नहीं है तो आप आदम को पैदा करने का विचार मन में क्यों लाते हैं? क्या आप जमीन पर ऐसे जीव को पैदा करना चाहते हैं, जो वहाँ झगड़े-फसाद करके खून बहाए? हमारी राय में तो आपको आदम के बनाने की कोई ज़रूरत नहीं है। आगे जैसी आपकी मर्ज़ी।"

फ़रिश्तों ने प्रस्ताव स्वीकार न किया तो अल्लाह मियाँ जरा नाराज़ हो गए और उन्होंने गम्भीर होकर उन सबसे कहा-"देखो, इस समय आदम का पैदा करना बहुत जरूरी है। आदम को पैदा करने के पीछे क्या रहस्य है, यह तुम नहीं समझ सकते। आदम को ज़रूर पैदा किया जाएगा।" इतना कहकर उन्होंने जिब्राईल फ़रिश्ते को हुक्म दिया-"जाओ, ज़मीन पर से एक मुट्ठी मिट्टी ले आओ, जिससे हम आदम को बनाएँ।"

जिब्राईल ने ज़मीन के पास जाकर उससे एक मुट्ठी मिट्टी माँगी, लेकिन ज़मीन ने साफ मना कर दिया। उसने कहा-"अल्लाह की कसम, आदम पैदा होकर मेरे ऊपर खून-खराबा करेगा, इसलिए मैं हरगिज़ भी अपनी मिट्टी न दूंगी। जाओ, तुम ख़ुदा से यही कह देना।"

ज़मीन की बात सुनकर जिब्राईल लौट आए और सारी बात अल्लाह से कह दी।

इस बार अल्लाह ने 'मेकाईल' फ़रिश्ते को ज़मीन से मिट्टी लाने के लिए भेजा, लेकिन उन्हें भी सफलता नहीं मिल सकी। फिर अल्लाह ने 'इस्त्रफील' को खूब समझा-बुझाकर भेजा, लेकिन ज़मीन ने इनको भी वही उत्तर देकर लौटा दिया और यह जैसे खाली हाथ गए थे, वैसे ही आकर खड़े हो गए। इस्त्रफील भी खाली आकर खड़े हो गए तो अल्लाह मियाँ को रोष हो आया। उन्होंने कहा-"आज ज़मीन इतना दुःसाहस कैसे कर रही है? और इन सब फ़रिश्तों को भी क्या हो गया है? है कोई जो ज़मीन से मुट्ठी-भर मिट्टी ला सके?"

अल्लाह की बात सुनकर फ़रिश्ता 'इज़राईल' खड़ा हुआ और उसने कहा-"जो आपका हुक्म है मैं उसे अभी दम-भर में बजा लाता हूँ।" और इज़राईल ने फौरन ज़मीन के पास आकर कहा-"एक मुट्ठी मिट्टी फौरन हाज़िर करो!"

दूसरे फ़रिश्ते के लौट जाने से ज़मीन कुछ मुँह-लगी हो गई थी। उसने उन्हें भी वही रूखा जवाब देकर टालना चाहा, लेकिन इज़राईल ने उसे बड़े ज़ोर की धमकी दी-"ऐ ज़मीन! तू या तो चुपचाप मुझे मुट्ठी-भर मिट्टी दे दे, नहीं तो मैं तुझ को ही उठाकर ले जाऊँगा। इस घमण्ड में न रहना कि तीन फ़रिश्ते आकर लौट गए। मेरा नाम इज़राईल है, मैं अपने ख़ुदा के हुक्म को किसी भी तरह नहीं टाल सकता।" बस, फिर क्या था-ज़मीन काँपने लगी और चुपचाप एक मुट्ठी मिट्टी लेकर उनके हवाले कर दी। इज़राईल मिट्टी लेकर खुशी-खुशी ख़ुदा के पास आए। ख़ुदा उनके इस कार्य से बहुत खुश हुए और पुरस्कार में मल्कुल्मौत (जान निकालने वाला फ़रिश्ता) का ओहदा उन्हें दे दिया। फिर वह मिट्टी जहाँ आजकल मक्का नामक नगर है वहाँ रखी गई, और उस पर अल्लाह ने आठ वर्ष तक वर्षा की तो वह शुद्ध हो गई। उसको ख़ुदा ने चालीस दिन तक अपने हाथ से गूंधकर आदम का पुतला बनाया। कुछ मिट्टी बची रह गई तो उससे ख़ुदा ने खजूर का वृक्ष बना दिया। फिर

वह पुतला चालीस वर्ष तक ज़मीन पर ही पड़ा रहा। चालीस वर्ष बाद ख़ुदा ने उसमें जान डालने का हुक्म दिया तो उसकी रूह को तबाक में रखकर, नूर से ढाँका गया और उस तबाक को सत्तर हज़ार फ़रिश्ते आदम के पास लाए, फिर रूह को कहा गया-"ऐ रूह! तू इस पुतले में समा जा।"

रूह ने कहा-"हे अल्लाह ! मैं प्रकाशवान हूँ और यह पुतला अन्धकारमय है; फिर मैं इसमें कैसे समा जाऊँ?"

ख़ुदा ने कहा-"नफरत के साथ घुस जा!"

और रूह नाक के रास्ते से पुतले के दिमाग़ में पहुँच गई और लगभग दो सौ वर्ष दिमाग में ही घूमती रही। दो सौ वर्ष दिमाग में घूमने के बाद वह शरीर में जिस-जिस स्थान पर जाती रही वहाँ-वहाँ ही रगो-रेशा, माँस और लहू बनता गया। जब आधा शरीर ठीक हो गया तो हज़रत आदम ने आँखें खोल दीं और दोनों हाथ धरती पर टेककर उठना चाहा, लेकिन तुरंत ही गिर पड़ा इसलिए ख़ुदा ने क़ुरआन में कहा है कि इन्सान जल्दबाज़ है।

जब यह प्राण-प्रतिष्ठा हो रही थी तो एक अपूर्व आनन्द उमड़ा पड़ रहा था जिसे देखने के लिए सातों आसमान के फ़रिश्ते एकत्र हो गए थे।

फ़रिश्ते और आदम

आदम की उत्पत्ति के प्रस्ताव को फ़रिश्तों ने यह कहकर अस्वीकार कर दिया था कि हम हरेक काम को उससे अच्छा कर सकते हैं, फिर उसे उत्पन्न करने की क्या ज़रूरत है? उस दिन से ही अल्लाह मियाँ ने फ़रिश्तों को सबक सिखलाने की मन में ठान ली थी; लेकिन वह सही समय की तलाश में थे। कुछ समय बाद अल्लाह ने फ़रिश्तों को सबक सिखलाने के लिए एक उपाय ढूँढ निकाला। दुनिया में जितनी भी चीजें हैं, अल्लाह ने उन सबके नाम हज़रत आदम को फ़रिश्तों की चोरी-चोरी रटा दिए। फिर वे सब चीजें उन्होंने फ़रिश्तों के सामने रखकर कहा "तुमने जो कहा था कि हम हरेक काम आदम से अच्छा कर सकते हैं, तो जरा इन सब चीजों के नाम तो बतलाओ।"

अल्लाह की बात सुनते ही फ़रिश्तों के पैर के नीचे से ज़मीन खिसक गई। उन बेचारों ने तो ये चीजें कभी सपने में भी न देखी थीं। वे कानों पर हाथ रखकर बोले हे परवरदिगार! इन चीजों के नाम हम कैसे बतला सकते हैं? हम तो उतना ही जानते हैं, जितना कि तूने हमें सिखलाया है। हाँ, तू सब चीजों का जानने वाला है!"

यह सुनकर अल्लाह मियाँ ने आदम से कहा-"तुम इन चीजों के नाम बतलाओ!"

इतना कहना था कि हज़रत आदम ने झटपट-दवात, कलम, कागज़, किताब, लोटा, थाली, तवा, तगारी, चूल्हा, चक्की, सिल-बट्टा, नमक, मिर्च,

सौंफ, धनिया, कुत्ता, बिल्ली, घोड़ा, गधा-सबके नाम सुना दिए। बस, फिर क्या था, अब तो अल्लाह मियाँ की चढ़ बनी। उन्होंने कहा-"मैंने पहले ही न कहा था कि आदम को पैदा करने का रहस्य तुम नहीं समझ सकते? तुम कहते थे कि हम हरेक काम आदम से अच्छा कर सकते हैं, कहाँ किया तुमने? कोई काम करना तो दूर रहा, तुम तो चीज़ों के नाम भी नहीं बतला सके! और तुमसे पीछे पैदा हुए आदम ने बतला दिए। कहो, अब तो आदम तुमसे बड़ा है न?"

शैतान

ख़ुदा ने दोजख में दो सूरतें पैदा की। उनमें एक शेर की थी, दूसरी गिद्ध की। उन दोनों के योग से एक फ़रिश्ता पैदा हुआ। ख़ुदा ने उसका नाम रखा– 'अज़ाज़ील'। अज़ाज़ील ने वहाँ पर एक हजार साल तक मस्तक नवाया, फिर हरेक ज़मीन पर एक-एक हज़ार साल मस्तक नवाते हुए वह सबसे ऊपर की सातवीं ज़मीन पर आया तो ख़ुदा ने उसको हरे पत्थर के दो पंख दिए। इन पंखों से उड़कर वह पहले आसमान पर पहुँचा और वहाँ जाकर उसने एक हज़ार साल तक फिर मस्तक नवाया तो ख़ुदा ने खुश होकर उसे 'खाशअ' (डरने वाला) की उपाधि दी। फिर उसने दूसरे आसमान पर जाकर एक हज़ार वर्ष तक मस्तक नवाया तो ख़ुदा ने उसको 'आबिद' (प्रार्थना करने वाला) की उपाधि दे दी। इसी प्रकार एक-एक हज़ार वर्ष सिज़दा करके उसने 'सालह', 'वली' की उपाधियाँ भी हासिल कर ली। फिर उसने ख़ुदा के तख़्त अर्श के पास पहुँचकर मस्तक नवाया। आकाश और पृथ्वी पर कहीं बाल-भर भी ऐसी जगह न रही, जिस पर उसने मस्तक न नवाया हो! कहते हैं कि उसे इस कार्य के करने में पूरे 600 हज़ार साल लगाने पड़े। इसके बाद उसने ख़ुदा से दुआ की-"मुझे 'लोहे महफ़ूज़' देखने का हुक्म दें।"

ख़ुदा ने उसकी दुआ कुबूल कर ली और 'इस्त्राफील' फ़रिश्ते को उसके साथ लोहे महफ़ूज़ दिखलाने के लिए भेज दिया। वहाँ जाकर उसने उसमें यह लिखा पाया कि एक ख़ुदा का बन्दा 600 हज़ार साल तक तो ख़ुदा को मस्तक नवाएगा, लेकिन एक बार मस्तक न नवाने पर 'इबलीस' (शैतान) बना दिया जाएगा। यह पढ़कर अज़ाज़ील को बड़ा दुःख हुआ और वह 600 हज़ार

साल तक रोता फिरा। जब वह अपने गम को कुछ भूला तो जन्नत में एक नूर की मेज़ रखकर फ़रिश्तों को शिक्षा देने का काम करने लगा। जब एक हज़ार साल तक वह इस काम को बड़ी मेहनत से करते रहे तो ख़ुदा ने खुश होकर उन्हें जन्नत-खजांची के पद पर बैठा दिया।

अभी अजाजील को इस पद पर नियुक्त हुए कुछ हजार वर्ष ही हुए थे कि अचानक ख़ुदा को सूचना मिली कि ज़मीन पर रहने वाले जिनों (राक्षसों) ने बलवा कर दिया है। सूचना पाकर ख़ुदा ने अज़ाज़ील को चार हज़ार फ़रिश्तों का सेनापति बनाकर बलवा शान्त करने के लिए ज़मीन पर भेज दिया। वहाँ पहुँचकर अज़ाज़ील ने अपनी बुद्धिमत्ता से ऐसा प्रबन्ध किया कि ज़मीन पर जल्दी ही शान्ति स्थापित हो गई। उनकी इस दक्षता को देखकर ख़ुदा बहुत ही प्रसन्न हुआ; और इसके बदले उनको कुछ विशेष अधिकार भी मिल गए।

जब आदम का पुतला बना पड़ा था तो एक दिन अज़ाज़ील बहुत से फ़रिश्तों के साथ सैर करते हुए उधर से निकले। पुतले को देखकर अज़ाज़ील ने आश्चर्य के साथ कहा-"यह क्या है?"

साथ के फ़रिश्तों ने बतलाया-"यह ख़ुदा ने बनाया है।"

उन्होंने पूछा-"क्यों?"

इस प्रश्न का उत्तर फ़रिश्ते सन्तोषजनक न दे सके तो अज़ाज़ील हज़रत आदम के मुँह में घुसकर उनके पेट में पहुँच गए। वहाँ उनको गर्मी महसूस होने लगी तो तुरन्त ही बाहर आ गए। बाहर आकर बोले-"अगर मैं इससे अधिक शक्तिशाली हुआ तो इसे बर्बाद करके ही छोड़ूंगा और यह मुझसे अधिक शक्तिशाली हुआ तो मैं इसकी आज्ञा का उल्लंघन करूँगा" यह कहकर और उस पुतले पर थूककर वह चले गए।

ख़ुदा को यह समाचार मिला तो वह बहुत नाराज़ हुए और जिब्राईल को हुक्म दिया कि हमारे पुतले को साफ कर आओ।

जिब्राईल वहाँ आया तो उसने उस लगे हुए थूक को साफ करके उससे एक कुत्ता बना दिया। कुत्ते की उत्पत्ति थूक से हुई है, इसी कारण मुसलमान लोग कुत्ते की परछाई को भी अशुद्ध मानते हैं।

जब चीजों के नाम बतलाने में सब फ़रिश्तों की परीक्षा हो रही थी तो हज़रत अज़ाज़ील भी उनमें शामिल थे और दूसरे फ़रिश्तों की तरह उन चीज़ों के नाम न बतला सकने के कारण वह भी परीक्षा में फेल हो चुके थे। सब फ़रिश्ते फेल हो चुके तो ख़ुदा ने आदम को पैदा करने के प्रस्ताव का विरोध करने और पुतले के ऊपर थूकने के लिए सज़ा के तौर पर सब फ़रिश्तों से कहा-"आदम को मस्तक नवाओ!"

और सब फ़रिश्तों ने तो हुक्म सुनते ही बिना किसी हिचक के फौरन मस्तक नवा दिया, लेकिन अज़ाज़ील महाशय अपनी जगह ही अकड़े खड़े रहे।

अल्लाह-तुमने मस्तक क्यों नहीं नमाया?

अज़ाज़ील-हुजूर ने ही हुक्म दे रखा है कि मेरे सिवाय किसी और को मस्तक न नवाओ।

अल्लाह-मैं अब हुक्म देता हूँ कि आदम को नवाओ नमाओ।

अज़ाज़ील-आप अपना पहला हुक्म क्यों रद्द करते हैं?

अल्लाह-मेरी मर्जी!

अज़ाजील-आख़िर आपकी ऐसी मर्जी क्यों?

अल्लाह-मैं इस बात को बतलाने के लिए तैयार नहीं।

अज़ाज़ील-तो, जब तक आप कोई ख़ास वजह न बतलाएँ मैं हर्गिज़ आदम के सामने झुकने के लिए तैयार नहीं!

अल्लाह-तो आज्ञा का उल्लंघन करोगे?

अज़ाज़ील-अगर आपके ख्याल में यही आज्ञा का उल्लंघन है तो ऐसा ही समझिए!

अल्लाह-आदम तुमसे बड़ा है।

अज़ाज़ील-किस लिहाज़ से? अगर उम्र के लिहाज़ से कहते हैं तो मैं उससे बहुत बड़ा हूँ।

अल्लाह-नहीं, जिस्म के लिहाज़ से।

अज़ाज़ील-अच्छा, तो आप मेरा और उसका मुकाबला ही करा दीजिए!

अल्लाह-देख, इसको मैंने अपने हाथों से बनाया है।

अलाज़ील-मुझे आपने अपनी कुदरत से पैदा किया है; और कुदरती चीज़ बनावटी चीज़ से हमेशा ही अच्छी होती है।

अल्लाह-यह प्रार्थना ज्यादा करेगा!

अज़ाज़ील-यह तो जब करेगा, तब करेगा; मैं तो छ: लाख साल तक कर चुका हूँ! इतनी तो शायद इसकी उम्र भी न हो!

अल्लाह-यह तुमसे इल्म में बढ़ा है। देखो, जिन चीज़ों के नाम तुम नहीं बतला सके थे, वे इसने बतला दिए थे।

अज़ाज़ील-वे तो आपने रटा दिए थे। रटाकर आप मुझसे चाहे जो पूछ लीजिए?

अल्लाह-बस तुम ज़्यादा हुज्जत मत करो। जो-कुछ मैं कहता हूँ, उसे सुन लो।

अज़ाज़ील-आप क्या कहते हैं?

अल्लाह-मैं तुमसे यही कहता हूँ कि आदम तुमसे श्रेष्ठ है।

अज़ाज़ील-यह कैसे हो सकता है, हुज़ूर? कहाँ एक फ़रिश्ता और कहाँ सड़ी मिट्टी से बना आदमी!

अल्लाह-अच्छा, चुप हो आओ। तुम बड़े पाज़ी हो!

अज़ाज़ील-इसमें पाज़ीपन की क्या बात है, हुजूर?

अल्लाह-यह पाज़ीपन नहीं तो क्या है कि मैं मस्तक नवाने को कह रहा हूँ, और तू इधर-उधर की बक-बक कर रहा है।

अज़ाज़ील-आप तो नाराज़ होने लगे, सरकार! आपने ही तो कहा था कि जान पर खेल जाना, मगर मेरे सिवाय किसी को मस्तक न नवाना; फिर मैं आपकी धमकी से कैसे आदम को मस्तक नवा दूँ? और आपकी आज्ञा का उल्लंघन करने वाला बनूँ? क्या आप मुझे आजमा रहे हैं?

अल्लाह-अबे नालायक! देख, अब तू हद से आगे बढ़ा जा रहा है। इधर-उधर की बातें बनाकर नास्तिकों-जैसा आचरण कर रहा है। अब तू मुझे केवल दो शब्दों में यह बतला कि तू मेरे हुक्म को नवाएगा या नहीं?

अज़ाज़ील-हुजूर, मेरी निगाह में आपके हुक्म की बहुत ज्यादा कीमत है; लेकिन अब भी तो मैं आपका ही हुक्म मान रहा हूँ। मैं जान गया हूँ, आज आप मुझे आजमा रहे है, लेकिन मैं आपकी आज़माइश में फेल होने वाला नहीं। आप दो शब्दों में जवाब माँगते हैं; और मैं एक ही शब्द में जवाब दिए देता हूँ कि जब तक मेरे दम में दम है, मैं सिवाय आपके और किसी के भी सामने मस्तक नहीं नवा सकता।

अल्लाह-बस-बस, तू इबलीस' है! फौरन मेरे दरबार से निकल जा!

अजाजील-आज तक मैंने आपका कोई हुक्म टाला जो आप मझे 'इबलीस' (हुक्म न मानने वाला) कह रहे हैं? आप तो सचमुच ही बिगड़ गए, मैं तो अब तक यही समझता था कि आप मेरा इम्तहान ले रहे हैं और मेरे पास हो जाने पर आप मुझे कोई पद प्रदान करेंगे।

अल्लाह-चुपचाप यहाँ से चला जा। अब मैं कुछ सुनना नहीं चाहता। बस, आज से तेरा नाम 'शैतान' है।

अज़ाज़ील-अच्छा, चला जाता हूँ, लेकिन इतना जरूर कहूँगा कि आपने मुझे गुमराह किया है तो मैं भी हमेशा आपके बन्दों को गुमराह करता रहूँगा।

अल्लाह-शौक से गुमराह करना, लेकिन याद रख-जो बन्दे तेरी पैरवी करेंगे, उन सबके लिए दोज़ख में ही स्थान होगा।

अज़ाज़ील-अच्छा, तो सलाम अलयकुम!

विद्या का फल

परीक्षा समाप्त हो चुकी और अज़ाज़ील शैतान बनाकर निकाला जा चुका, तो अल्लाह ने आदम को आज्ञा दी कि तुम ज़न्नत में निवास करो। उसमें से जो कुछ तुम्हें पसन्द आए खाओ, लेकिन इस एक वृक्ष के समीप कभी न जाना, नहीं तो तुम अन्यायी हो जाओगे। यह वृक्ष विद्या का था, जिसके फल खाने से बुरे-भले की पहचान होती है।

आदम ज़न्नत में प्रविष्ट हो गया तो ख़ुदा ने कहा-"यह अच्छा नहीं कि आदम अकेला रहे, मैं उसके लिए एक साथी उसके योग्य बनाऊँगा।" और ख़ुदा ने आदम को बहुत गहरी नींद में सुला दिया। आदम सो रहा था तो ख़ुदा ने उसकी पसलियों में से एक पसली निकाली और उसके बदले गोश्त भर दिया। इस पसली से ख़ुदा ने एक औरत बनाई और उस औरत को आदम के पास लाया। कहते हैं कि पुरुषों के शरीर में स्त्रियों के शरीर से एक पसली इसीलिए कम होती है कि आदम की वह पसली निकाल ली गई थी। पसली से बनी औरत को देखकर आदम ने कहा कि यह मेरी हड्डियों में से हड्डी और मेरे गोश्त में से गोश्त है इसलिए यह नारी कहलाएगी क्योंकि यह नर में से निकाली गई है। आदम की स्त्री को हौवा' इसलिए ही कहा जाता है कि वह 'हय्यन' अर्थात् जिन्दा पुरुष से पैदा की गई है!

शैतान ख़ुदा के दरबार से निकाल दिया गया तो उसकी आँखें उसकी छाती पर आ गईं और वह मन-ही-मन कोई उपाय सोचने लगा, जिससे कि हज़रत आदम को जन्नत से निकाला जा सके। सोचते-सोचते जब उसे यह मालूम हुआ कि आदम को एक वृक्ष के फल खाने से रोक दिया गया है, तो वह बड़ा प्रसन्न हुआ और सोचने लगा-अब मुझे वहाँ पहुँचकर शीघ्र ही छापा

मारना चाहिए। वह मंत्र के द्वारा तुरन्त जन्नत के फाटक पर पहुँचा और दहाड़ मार-मार रोने लगा। उसका रोना मोर ने सुन लिया। वह यह समझकर कि किसी फ़रिश्ते पर मुसीबत आ गई, सहायता करने के लिए उसके पास दौड़ा आया और उसके रोने का कारण पूछने लगा। शैतान ने कहा "भाई, मैंने सुना है कि ज़न्नत बहुत खूबसूरत और देखने लायक जगह है, इसलिए मेरा मन उसे देखने को चाहता है। अगर किसी तरह आप मुझे वहाँ की सैर करा दें तो मैं आपका बड़ा एहसानमंद होऊँगा और आपको जादू-टोने की विद्या भी सिखला दूंगा।"

मोर ने उत्तर दिया-"आप घबराइये नहीं। आजकल ज़न्नत के फाटक का दरबान साँप है; और वह मेरा बड़ा निकट का मित्र है। मैं जरूर आपके ज़न्नत देखने का इन्तज़ाम कर दूंगा।" यह कहकर और उसे साथ लेकर वह सीधा ज़न्नत के फाटक पर आया और साँप से कहा-"यह मेरे मित्र हैं। आप कृपा करके इन्हें ज़न्नत दिखला दीजिए।"

साँप ने कहा-"ज़न्नत के फाटक में तो किसी को पाँव रखने की आज्ञा भी नहीं है, इसलिए मैं आपकी आज्ञा का पालन करने में असमर्थ हूँ।"

यह सुनकर शैतान बोल उठा-"यदि आप मुझ पर कृपा करना चाहें तो मैं आपको ऐसी तरकीब बतला सकता हूँ जिससे आप पर किसी प्रकार का आरोप भी न लगेगा और काम भी हो जाए। वह तरकीब यह है कि मैं आपके मुँह में बैठकर फाटक को लाँघ जाऊँगा। आपको कसम खाने के लिए जगह रह जाएगी कि मैंने सिवाय अपने, किसी को फाटक में कदम भी नहीं रखने दिया।" साँप की समझ में यह बात आ गयी और शैतान उसके मुँह में बैठकर दरवाजे के पार हो गया। साँप तो फिर अपनी जगह आ डटा और शैतान घूमता-फिरता आदम और हौवा के पास जा पहुँचा। उनसे कुछ देर इधर-उधर की बातें करने के बाद उसने पूछा-"तुम उस वृक्ष का फल क्यों नहीं खाते?"

उन्होंने उत्तर दिया-"हमारे अल्लाह ने मना कर रखा है।"

तब शैतान ने बड़े विस्मय के साथ पूछा-"अल्लाह ने मना कर रखा है?"

उन्होंने उत्तर दिया-"हाँ।"

फिर शैतान बोला-"अगर तुम इस वृक्ष के फल को खा लो तो निःसन्देह फ़रिश्तों की भाँति सदा-सदा के लिए अमर हो जाओ।"

उन्हें इस बात पर विश्वास न आया, इसलिए उन्होंने कहा-"हम अपने अल्लाह की कही बात का उल्लंघन नहीं कर सकते।"

तब शैतान ने ख़ुदा की कसम खाकर कहा-"मैं सच कहता हूँ कि तुम फल खाने से जरूर ही मृत्यु के भय से बच जाओगे और ख़ुदा को तुम्हारी यह बात भी मालूम न होगी।"

कसम खाने पर उन्हें विश्वास आ गया, क्योंकि उस समय कोई भी झूठी कसम न खाता था। शैतान के चकमे में आकर उन्होंने फल को तोड़कर खा लिया। बस, फिर क्या था-शैतान हँसी के मारे लौट-पोट हो गया और यह कहता हुआ फाटक से बाहर हो गया कि मैंने आदम को गुमराह करने की जो प्रतिज्ञा की थी, उसे पूरा कर दिया। अब इसी तरह औरों को भी गुमराह किया करूँगा, क्योंकि जब मेरा छापा अल्ला मियाँ की ज़न्नत में ही लग गया तो फिर दुनिया का तो कहना ही क्या?

उधर फल खाते ही आदम और हौवा की ज्ञान की आँखें खुल गईं और उन्हें मालूम होने लगा कि हम बिल्कुल नंगे हैं और इस तरह नंगे रहना उचित नहीं है। अपने अंगों को ढकने के लिए वे वृक्षों के पत्ते तोड़ने दौड़े, लेकिन उनके बाल खजूर के वृक्षों जितने लम्बे थे इसलिए वे दूसरे वृक्षों में उलझ गये।

अल्लाह को यह समाचार मालूम हुआ तो उसने कहा-"तुमने शैतान के बहकाने से मेरी आज्ञा का उल्लंघन किया है, इसलिए तुम गुनहगार हो। अब तुम्हारे लिए ज़न्नत में कोई स्थान नहीं। जाओ, ज़मीन पर तुम सब एक दूसरे के शत्रु बन कर रहो अर्थात् –मोर साँप का, साँप स्त्री-पुरुषों का, स्त्री-पुरुष साँप के और शैतान सबका!" यह कहकर अल्लाह मियाँ ने सबको नीचे ज़मीन पर पटक दिया। कहते हैं कि साँप पहले बहुत खूबसूरत था। उसके ऊँट-जैसे चार पाँव थे, लेकिन उसे दण्ड देने के लिए वे छीन लिए गए ताकि पेट के बल चल-चलकर वह महादुख उठाए! मोर के पाँव भी पहले बहुत खूबसूरत थे लेकिन वे भद्दे कर दिए गए, ताकि उन्हें देख-देखकर वह रोया करे।

आदमी का जन्म

हज़रत आदम और हौवा का ज़न्नत से पतन हुआ तो वे सरअन्दीप पहाड़ में आ पड़े और अपनी भूल पर बहुत ही लज्जित हुए। चालीस दिन तक कुछ भी न खाया और दो सौ वर्ष तक बराबर चीख-चीखकर रोते रहे। उनकी आँखों के आँसुओं से नहरें बह निकलीं और उनके किनारे लौंग, जायफल, खजूर के वृक्ष उत्पन्न हो गए। उनका रोना सुनकर ही जिब्राईल आसमान से उतरे और उनके साथ मिलकर रोने लगे। जिब्राईल के रोने की आवाज़ और फ़रिश्तों ने सुनी तो वे सब भी रोने लगे। आख़िर में जिब्राईल ख़ुदा के पास गए और आदम का सारा वृत्तान्त कहकर उन्हें क्षमा करने की सिफारिश की। तब ख़ुदा ने यह वाक्य–"हे प्रभो! हमने अपने जीवनों पर अन्याय किया और यदि तू हमें (अब) क्षमा न करके हम पर दया न करेगा तो हम बहुत नुकसान उठाएँगे!' आदम के दिल में डाल दिया। आदम ने सच्चे मन से इस वाक्य को कहा और वे तीन सौ वर्ष तक बिल्कुल सिर झुकाए खड़े रहे। तब ख़ुदा ने उन्हें क्षमा करके उनकी तोबा स्वीकार कर ली।

हज़रत आदम को तोबा स्वीकार करने के बाद ख़ुदा ने कहा-"जब कोई पैग़म्बर हमारी ओर से कोई इल्हामी पुस्तक लाए तो तुम उस पर विश्वास लाना, क्योंकि जो विश्वास लाएँगे उनके लिए दोज़ख का कुछ भी भय और दुख न होगा, और जो विश्वास नहीं करेंगे और हमारी पुस्तक या हमारे पैग़म्बर को झुठलाएँगे, वे सब दोज़ख की आग में फेंक दिए जाएंगे। यह नहीं होगा कि उनके रोने-चिल्लाने पर उन्हें निकाल लिया जाएगा, फिर तो वे हमेशा उसमें ही रहेंगे!"

इस बार हज़रत आदम हिन्द में उतरे। उनके बदन पर ज़न्नत के वृक्षों के कुछ पत्ते लगे रह गए थे। जिस-जिस वृक्ष पर उन पत्तों की परछाईं पड़ी वे सब चन्दन के सुगन्धमय वृक्ष बन गए। अब हज़रत को पृथ्वी पर आकर खाने-कमाने की फिक्र पड़ी तो जिब्राइल सात टुकड़े लोहे के और थोड़ी-सी अग्नि दरोगा-दोज़ख से माँगकर लाए, ताकि हज़रत आदम को लुहार का काम सिखला दें; लेकिन जब हज़रत ने सीखने के लिए अग्नि को हाथ में लिया तो गर्मी की अधिकता से उनका हाथ जल उठा और उन्होंने उसे तुरन्त ज़मीन पर पटक दिया। ज़मीन पर गिरते ही अग्नि स्वयं ही फिर दोज़ख में पहुँच गई। जिब्राईल उसको फिर दोज़ख से लाए, लेकिन फिर वैसा ही हुआ। इसी तरह सात बार अग्नि लाई गई और वह फिर दोज़ख में पहुँच गई। फिर जिब्राईल ने चकमक से आग निकालकर हज़रत आदम को कृषि सम्बन्धी औजार बनाने सिखलाए और जन्नत से दो बैल और एक मुट्ठी गेहूँ ला दिए, जिससे वे खेती करके अपना पेट भर सकें। हज़रत आदम ने ज़मीन जोतनी शुरू की तो बैलों ने चलने में आनाकानी की। इस पर हज़रत नाराज़ हो उठे और एक-एक लकड़ी दोनों बैलों को झुका दी। बैलों ने कहा-"अगर तुझे अक्ल होती तो जन्नत से ही क्यों निकाला जाता?" बैलों की बात सुनकर हज़रत नाराज़ हो भाग लिए, लेकिन जिब्राईल ने आकर उन्हें समझाया और अल्लाह ने उसी दिन से बैलों की ज़बान पर मुहर लगा दी। फिर उन्होंने वे गेहूँ पृथ्वी पर बिखेर दिए तो पृथ्वी ने सात घड़ी में उन्हें उगा और पकाकर कहा कि मैं कमज़ोरी के कारण मज़बूर हूँ, नहीं तो इससे भी जल्दी पकाकर तैयार कर देती। वे उन गेहुँओं को कच्चा ही खाना चाहते थे, लेकिन जिब्राईल ने आकर रोटी बनाने की तरकीब बतलाई। अल्लाह ने आदम पर 13-14-15 तारीख का रोज़ा अनिवार्य रूप से रखने की जिम्मेवारी सौंपी। फिर ख़ुदा ने जिब्राईल से कहा कि तुम अपने पंख आदम की कमर पर मल दो, जिससे सन्तान उत्पत्ति हो। जिब्राईल ने ऐसा ही किया तो बहुत-सी सन्तानें उत्पन्न हो गईं।

हज़रत मूसा और फिर्औन

अमालिका प्रदेश में एक राजा राज्य करता था जिसका नाम 'बलेद बिन् माअब' था। अमालिका के सभी राजाओं को 'फिर्औन' कहा जाता था। जब इस फिर्औन के हाथ में मिस्र का राज्य आया तो यह दौलत के नशे में पागल हो उठा और यह कहकर कि ख़ुदा कोई चीज़ नहीं है, मैं ही सब-कुछ हूँ, रिआया से अपने को सिज़दा करने के लिए कहने लगा। कुतुबियों ने तो खुशी-खुशी फिर्औन के सामने मस्तक नवा दिए, लेकिन बनी इसराईलों ने मस्तक नवाने से इनकार कर दिया। अब फिर्औन बनी इसराइलों से नाराज़ रहने लगा। वह किसी बनी इसराइल से मैला उठवाता, किसी से पत्थर तुड़वाता। सारांश यह कि वह उनसे ऐसे घृणित और कठोर काम लेता जिन्हें वे कर भी न पाते।

एक रात अचानक फिर्औन को सपना दिखा कि एक आग, शाम देश की ओर से आई है। उसने उसके और दूसरे कुतुबियों के घरों को जला दिया है। सुबह होने पर उसने ज्योतिषियों से अपने इस सपने का फल पूछा। उन्होंने बतलाया कि आज रात को बनी इसराईल खानदान में एक ऐसा गर्भ रहेगा जो पैदा होकर तेरी जान को लेने वाला बनेगा। यह सुनकर तो फिर्औन के पाँवों के नीचे से ज़मीन खिसकने लगी।

उसने हुक्म दे दिया कि बनी इसराईल में आज रात के लिए मर्द-मर्द अमुक मैदान में इकट्ठे हो जाएँ और उनकी स्त्रियाँ घरों से बाहर न जा सकें। ऐसा ही हुआ, शहर-भर के सब बनी इसराईल मर्द मैदान में इकट्ठे कर लिए गए और स्त्रियों को घरों में छोड़ दिया गया, लेकिन फिर्औन का अंगरक्षक,

जिसका नाम इमरान था, वह भी बनी इसराईल ही था। उसके अलग करने का किसी को ध्यान तक न आया। वह रात को अपनी स्त्री के साथ रहा और उसी रात हज़रत मूसा ने इमरान की स्त्री के गर्भ में प्रवेश किया। दूसरे दिन फिर ज्योतिषियों को बुलाया गया तो उन्होंने आसमान पर पैग़म्बर के गर्भ-प्रवेश का तारा देखा। कहते हैं कि जिस दिन पैग़म्बर गर्भ में प्रविष्ट होता है उसी रात में उसका सितारा चमक उठता है।

सितारा देखकर ज्योतिषियों ने फ़िऔन से कहा-"तू इन्तज़ाम ठीक नहीं रख सका। तेरी जान लेने वाला गर्भ में प्रवेश पा चुका है।"

इन पर फ़िऔन ने कहा-"आज से बनी इसराईल में जो भी लड़का पैदा हो, फौरन जान से मार डाला जाए।" हुक्म की देरी थी कि हजारों बेगुनाह बच्चों के खून से हाथ रंगे जाने लगे; लेकिन जब हज़रत मूसा पैदा हुए तो ख़ुदा की कुदरत से सब पहरे वाले अन्धे हो गए और उनकी माँ को इतना मौका मिल गया कि वह अपने प्यारे बच्चे को सन्दूक में रखकर पास ही बहने वाली नील नदी में इस आशा से बहा दे कि शायद यह बहता हुआ कहीं दूर जा निकले और कोई ख़ुदा का बन्दा इसका पालन-पोषण कर ले। मगर होता वही है जो ख़ुदा की मर्जी होती है। उस नदी में से एक छोटी नहर काटकर फ़िऔन के घर में लाई गई थी। मूसा उसी में से बहते हुए उसके घर में पहुँच गए। फिओन के घर में एक कुष्टी लड़की के अतिरिक्त कोई सन्तान न थी। जब उसकी पत्नी आस्या ने देखा कि एक सुन्दर लड़का तैरकर उनके महल में आ गया है तो वह बेहद खुश हुई और उसने बच्चे के पालन-पोषण का उचित प्रबन्ध करा दिया। बच्चे को दूध पिलाने के लिए धाय भी रखी गई। लेकिन हज़रत मूसा ने किसी भी धाय का दूध नहीं पिया। जब उनकी माँ को ही धाय बनाकर रखा गया तब उन्होंने दूध पीना आरम्भ किया। ख़ुदा की मेहरबानी से हज़रत मूसा अपने दुश्मन के घर में रहते हुए भी अपनी असली माता की गोद में पलने लगे; और फ़िऔन के फ़रिश्तों तक को भी ख़बर न हो सकी कि उसका दुश्मन उसके घर में ही रहकर पल रहा है। लेकिन कुछ समय बीत जाने पर हज़रत मूसा का कुछ थूक उस कुष्टी लड़की के शरीर को लग

गया। थूक का लगना था कि लड़की भली-चंगी हो गई। लड़की के ठीक होने का समाचार बादशाह ने सुना तो उसे बहुत ही आश्चर्य हुआ क्योंकि हकीम लोग उसके रोग को लाइलाज बतला चुके थे। बादशाह ने हज़रत मूसा को बुलवाया और गोद में लेकर उन्हें गौर से देखने लगा। हज़रत ने फ़िर्औन की दाढ़ी के कुछ बाल नोच लिए। इस पर बादशाह को बहुत क्रोध आया और उसे बनी इसराईल के खानदान का समझकर फौरन मारने का हुक्म दे दिया। लेकिन कुछ लोगों के समझाने से और ख़ुदा की तरफ से फ़िर्औन के दिल में मुहब्बत पैदा की जाने के कारण परीक्षा की समाप्ति तक उसके मारने का हुक्म वापस ले लिया गया। परीक्षा यह थी कि बच्चे के सामने दो थालियाँ रखी जाएंगी। एक में लाल और एक में दहकते हुए अंगारे रखे जाएँ। अगर यह कोई साधारण बच्चा होगा तो चमकता हुआ आग का अंगारा उठाएगा और कोई दिव्य पुरुष होगा तो लाल उठायेगा। दोनों थालियाँ सामने आयीं तो हज़रत चाहते थे कि लाल उठा लें। लेकिन जिब्राईल ने उनका हाथ अंगारों पर रख दिया, जिससे उनका हाथ जल उठा। फिर उन्होंने एक अंगारा मुँह में ले लिया, जिससे मुँह भी जल उठा और तोतले बोलने लगे और आखिर तक बोलते रहे। इस पर बादशाह और उसके साथियों को यकीन हो गया कि यह तो कोई बेवकूफ लड़का है, पैग़म्बर नहीं। क्योंकि पैग़म्बर तो जन्म से ही चालाक और होशियार होते हैं। अगर यह पैग़म्बर होता तो अपना हाथ और मुँह क्यों जला लेता! इसके बाद उन पर किसी प्रकार का सन्देह नहीं किया गया और वह स्वतन्त्रतापूर्वक राजघराने में रहने लगे। अब सब लोग उन्हें फ़िर्औन का लड़का कहकर ही पुकारते।

हज़रत मूसा की अवस्था लगभग बीस वर्ष हुई तो उन्होंने इसराईल के उद्धार के लिए कमर कस ली और छुप-छुपकर लोगों को समझाने-बुझाने लगे। उनको पर्यटन का बेहद शौक था। एक दिन वह जंगल की ओर जा रहे थे तो देखते क्या हैं कि एक 'कुतबी' किसी 'बनी इसराईल' के सिर पर लकड़ियों का भारी गट्ठर रखे हुए चला आ रहा है। बोझ से तंग आकर बेचारे बनी इसराईल ने गट्ठर ज़मीन पर पटक दिया। इस पर कुतबी मारे क्रोध

के लाल हो गया और बनी इसराईल को मारने को तैयार हुआ। तभी बनी इसराईल ने हज़रत मूसा को उधर से आता देख दुहाई मांगना शुरू कर दिया।

हज़रत मूसा झपटकर वहाँ पहुँचे और कुतबी को ज़ोर से ऐसा घूँसा मारा कि उसने वहीं तड़प-तड़पकर प्राण दे दिए।

फ़िओन को इस दुर्घटना का पता चला तो उसने हज़रत मूसा की हाज़िरी का हुक्म दिया। हज़रत ने अपने दोस्तों से सलाह की कि अब क्या करना चाहिए? दोस्तों ने राय दी कि अब भला इसी में है कि तुम रफूचक्कर हो जाओ, नहीं तो जान पर आ बनेगी। दोस्तों की सलाह मानकर हज़रत मूसा जंगल की ओर निकल गए। जंगल में यह देखते क्या हैं कि दो लड़कियाँ कुछ बकरियों को घेरे हुए एक कुएँ के निकट खड़ी हैं। जब इन्होंने उनका परिचय पूछा तो उन्होंने बतलाया कि हम 'शोअब' पैग़म्बर - की लड़कियाँ है। हमारा पिता अन्धा और दुर्बल है, इसलिए हमें ही बकरियाँ चरानी पड़ती हैं। आज हम दूसरे बकरी चराने वालों के साथ यहाँ आई थीं तो उन्होंने अपनी बकरियों को पानी पिलाकर फिर कुएँ के ऊपर पत्थर ढ़क दिया, जिससे हम अपनी बकरियों को पानी न पिला सकें। यह सुनकर हज़रत मूसा को बड़ा रहम आया। इन्होंने कुएँ से चालीस डोल पानी खींचकर उनकी सब बकरियों को पिला दिया। वे लड़कियाँ अपने घर गईं तो उन्होंने हज़रत मूसा की सहायता का सब हाल कह सुनाया। इस पर शोअब ने कहा कि तुम उसे ढूँढ़कर मेरे पास ले आओ। वे लड़कियाँ फिर उस कुएँ की ओर गईं और हज़रत मूसा को अपने घर ले गईं। हज़रत शोअब ने हज़रत मूसा की कहानी सुनकर कहा कि तुम यहाँ पर ही रहो। जब तुम आठ साल मिहर की बकरियाँ चरा चुकोगे तो तुम्हारा विवाह इनमें से एक लड़की के साथ कर दिया जाएगा। कहते हैं कि हज़रत मूसा ने अपने ससुर साहब को खुश करने के लिए आठ साल के बजाए पूरे दस साल बकरियाँ चराईं। तब हज़रत शोअब ने अपनी लड़की 'सफूरा' के साथ इनका निकाह कर दिया और एक लाठी और बहुत-सी भेड़-बकरियाँ देकर उनको विदा कर दिया।

हज़रत मूसा मंजिल पर मंजिल तय करते हुए दूर पर्वत के पास पहुँचे तो घटा, मेह और तूफान उमड़ आए जिससे बहुत अधिक सर्दी हो गई। सर्दी दूर करने के लिए इन्हें आग की आवश्यकता हुई तो इन्होंने इसकी खोज में चारों ओर घूमना शुरू कर दिया। थोड़ी देर में यह देखते हैं कि पहाड़ के ऊपर बड़ी तेज आग चमक रही है। यह कुछ घास-फूस लेकर उसे सुलगाने के लिए दौड़े और जहाँ आग जल रही थी वहाँ पर घास-फूस रख दिया। लेकिन वह आग वृक्ष पर चढ़ गई। उन्होंने भी वृक्ष पर चढ़ना चाहा, लेकिन आग दूसरे वृक्ष पर चली गई। यह विचित्र घटना देखकर इनके मन में अनेक तरह के विचार उठने लगे। तभी किसी ने चिल्लाकर पुकारा-

"ऐ, मूसा!"

इन्होंने कहा-"हाँ!"

लेकिन इन्हें कोई और नज़र न आया। अब यह बहुत भयभीत हुए और कहने लगे-"कौन है जो आवाज़ देता है और अपने को जाहिर नहीं करता?"

इसके उत्तर में इन्हें सुनाई दिया-"हे मूसा! निश्चय ही मैं अल्लाह हूँ। तेरा और सारे जहाँ का मालिक हूँ। अब तू अपने जूते उतार दे; क्योंकि इस समय तू पवित्र पृथ्वी पर आ खड़ा हुआ है।" यह सुनते ही हज़रत मूसा ने अपने जूते उतार फेंके और एकदम सिज़दे में झुक गए। फिर ख़ुदा ने कहा-"आज से मैंने तुझे पैग़म्बरी अदा की। तू यहाँ से सीधा मिस्र जा और फ़िर्औन को आस्तिक बनाने की कोशिश कर, नहीं तो इसराइलों को वहाँ से निकाल ला।"

ख़ुदा की आज्ञानुसार हज़रत मूसा ने फ़िर्औन से जाकर कहा-"मैं पैग़म्बर हूँ। तुम मुझ पर ईमान लाओ।"

इस पर फ़िर्औन ने जवाब दिया-"क्या तू वही मूसा नहीं है, जो कल तक मेरा बेटा कहलाता था? कल तो तू यहाँ से अपनी जान बचाकर भागा था और आज पैग़म्बर बनकर आ गया!"

कहते हैं कि इस पर हज़रत मूसा ने अपनी लाठी पटकी। यह लाठी फौरन अजगर बन गई। इस अजगर के सात सौ दांत और हाथियों जैसे पाँव थे। इसके सारे बदन पर बछियों जैसे बाल थे। यह अजगर फौरन फिंओन पर झपटा। फिंओन ने हज़रत मूसा से प्रार्थना की-"मुझे इस बार बचा लो, मैं ज़रूर ईमान ले आऊँगा।"

हज़रत मूसा ने अजगर को हाथ में उठाया तो वह पहले की तरह फिर लाठी बन गया। इसी तरह हज़रत ने और भी कई चमत्कार दिखलाए, लेकिन वह धूर्त फिर भी ईमान न लाया। तब हज़रत मूसा ने उचित समझा कि 'बनी इसराइलों' को यहाँ से निकाल ले चलूँ। एक रात में इन्होंने सब बनी इसराइलों को लेकर कूच कर दी। जब वे कुछ दूर निकल गए तो फिंओन को उनके चोरी से भाग निकलने का समाचार मालूम हो गया। उसने कई लाख सवार और पियादे लेकर कुल्ज़म नदी के इसी पार उन्हें जा घेरा। लेकिन हज़रत मूसा ने अपनी लाठी नदी के पानी में मारी तो उसी दम पानी के दो टुकड़े हो गए और बीच में सूखा रास्ता बन गया। बात-की-बात में हज़रत मूसा और सब बनी इसराईल रास्ते से होते हुए उस पार निकल गए।

यह सब-कुछ देखकर फिंओन बहुत घबराया। उसने चाहा कि वह भी नदी पार कर जाए ; लेकिन देखते-ही-देखते पानी के दोनों हिस्से फिर मिल गए और पानी में घुसने का साहस फिंओन न कर सका। लेकिन ख़ुदा तो उसको डुबाना ही चाहता था। इसलिए ख़ुदा के हुक्म से जिब्राईल एक घोड़ी पर सवार होकर फिंओन के घोड़े के सामने आकर खड़े हो गए। घोड़ा घोड़ी को देखते ही भड़क उठा और फिंओन के काबू से बाहर हो गया। यह देखकर हज़रत जिब्राईल ने अपनी घोड़ी को दरिया में छोड़ दिया और उसके पीछे-पीछे फिंओन का घोड़ा और उसके पीछे तमाम शाही लश्कर भी दरिया में कूद पड़े। हज़रत जिब्राईल तो अपनी घोड़ी कुदाते हुए बच निकले किन्तु फिंओन और उसके सब साथी वहीं डूब गए।

अनाथ युवक की गाय

एक आदमी जब मरने लगा तो उसके परिवार में केवल दो व्यक्ति थे- उसकी पत्नी और उसका बेटा। मरते समय उसने एक बछिया जंगल में छोड़ दी। लड़के के सयाना होने तक बछिया जंगल में ही फिरती रही। जब वह सयाना हो गया तो एक दिन उसकी माँ ने कहा-"बेटा, यह बछिया तुम्हारी ही है। तुम इसे बाज़ार में ले जाओ और सोने की तीन मुहरों मे बेच आओ।"

युवक बछिया को लेकर बाज़ार में गया तो वहाँ उसे आदमी के रूप में एक फ़रिश्ता मिला और उसने उसकी बछिया के दाम सोने की छ: मुहरें लगाए। लेकिन युवक ने अपनी माता की आज्ञा के बिना इस मूल्य पर बछिया बेचने से इनकार कर दिया। उसने अपनी माँ के पास जाकर पूरा समाचार सुनाया तो माँ ने छः सोने की मुहरों में बेचने की आज्ञा दे दी। युवक इस बार बाजार आया तो फ़रिश्ते ने कहा-"मैं तुम्हारी बछिया को सोने की बारह मुहरों में खरीद सकता हूँ, लेकिन शर्त यह है कि तुम इस अधिक मूल्य की बात अपनी माँ को नहीं बतलाओगे।"

युवक ने उसकी शर्त मानने से इनकार कर दिया और फिर पूरा समाचार अपनी माँ को जा सुनाया। समाचार सुनकर माँ ने अनुमान लगाया कि बछिया खरीदने वाला आदमी अवश्य ही देवता है। उसने अपने बेटे को फ़रिश्ते के पास यह पूछने के लिए भेजा कि हमें बछिया का क्या करना चाहिए?

युवक ने फ़रिश्ते के पास जाकर प्रश्न किया। फ़रिश्ते ने जवाब दिया कि कुछ समय के बाद इसराईल के लोग इस बछिया को मुँह-माँगे दामों में खरीद लेंगे।

इस घटना के कुछ समय बाद ऐसा हुआ कि एक इसराईल को उसके एक निकट-सम्बन्धी ने मार डाला। असलियत को दबाने के लिए उसने लाश को एक दूर के स्थान पर डाल दिया। मरने वाले व्यक्ति के कुछ मित्रों ने मूसा के सामने फरियाद की और मारने वाले व्यक्ति का नाम भी उनके सामने रखा। मूसा ने मारने वाले से पूछा तो मारने वाले ने अपराध स्वीकार नहीं किया।

अब मामला अल्लाह के सामने पेश हुआ। अल्लाह ने आज्ञा दी कि अमुक-अमुक चिन्हों वाली गाय का वध किया जाए। उस अनाथ युवक की गाय में ही वे चिन्ह थे। मजबूर होकर इसराईली लोगों को वह गाय तौलकर गाय के बराबर सोने में खरीदनी पड़ी।

अल्लाह की आज्ञानुसार गाय का वध किया गया और इसके शरीर के एक अंग से मृतक व्यक्ति को छुवाया गया। गाय के अंग का स्पर्श पाते ही मृतक जीवित हो उठा और अपने हत्यारे का नाम बतलाकर फिर मृतक होकर ज़मीन पर लुढ़क गया।

जालूत और तालूत की लड़ाई

जब बनी इसराईल के अख्लाक बिगड़ गए और आदतें खराब हो गई, तो अल्लाह तआला ने उन पर जालूत नाम का एक जालिम बादशाह मुसल्लत कर दिया। जालूत ने उन पर बड़ा जुल्म किया और उन्हे अपना गुलाम बना लिया। उस वक्त हजरत शमवील बनी इसराईल के नबी थे, वह बहुत बूढ़े हो चुके थे, बनी इसराईल ने उनसे दरख्वास्त की, कि हमारे लिये कोई बादशाह मुकर्रर कर दीजीये। हजरत शमवील ने अल्लाह के हुक्म से हजरत तालूत को उनका बदशाह मुकर्रर किया। बाज लोगों ने एतराज किया, तो हजरत शमवील ने फर्माया : यह अल्लाह तआला के हुक्म से है और उसकी निशानी यह है कि तुम्हारा सन्दूक जिसमें नबियों की मीरास थी और जिसको कौमे अमालोका लेकर चली गई थी, फ़रिश्ते वह सन्दूक लाकर देंगे। ऐसा ही हुआ, फ़रिश्तों ने वह सन्दूक हजरत तालूत को पहुँचा दिया, और हजरत तालूत बादशाह बना दिये गए। तारीख में उनको बनी इसराईल का सबसे पहला बादशाह तस्लीम किया गया है ।

जब तालूत अपनी फौज बनाकर जालिम बादशाह जालूत पर हमला करने चला तो पैग़म्बर ने उसे बतलाया-“रास्ते में एक नहर पड़ेगी। वहाँ अल्लाह तुम्हारी जाँच करेगा। जो सिपाही अघाकर -गर्मी से परेशान होकर उस नहर का पानी पी लेगा, समझ लेना कि वह हमारा नहीं है और जो गर्मी को बर्दाश्त कर पानी नहीं पिएगा, समझ लेना कि वह हमारा है।” जब नहर आई तो गिने-चुने कुछ लोगों को छोड़कर सभी ने अघाकर नहर में से पानी पी लिया। जब तालूत और जो ईमान वाले उसके साथ थे वे नहर के पार हो

गए तो जिन लोगों ने तालूत का हुक्म न मानकर पानी पी लिया था, वे कहने लगे-"जालूत और उसकी फौज का मुकाबला करने की ताकत आज तो हममें नहीं है।" इस पर ईमान लाने वाले लोग बोल उठे-"अल्लाह की मेहर से अक्सर थोड़ी फौज ने बड़ी फौजों को जीता है! अल्लाह सन्तोष वालों का साथी होता है!" ऐसा कहकर वे ख़ुदा से दुआ करते हुए मैदान मे उतर पड़े।

जालूत से उनका मुकाबला हुआ। हजरत तालूत की फौज में हजरत दाऊद भी शरीक थे, हजरत दाऊद ने जालिम बादशाह जालूत को कत्ल कर दिया और बनी इसराईल को उसके जुल्म ओ सितम से निजात मिल गई। इस अजीम काम की वजह से हजरत दाऊद को बादशाह बना दिया गया।

ईसा का जन्म

इमरान के खानदान पर ख़ुदा बहुत मेहरबान था। एक बार इमरान की बीबी ने अर्ज किया-"ऐ मेरे परवरदिगार, मेरे पेट में जो बच्चा है, उसके होने पर मैं उसे तेरी भेंट कर दूंगी। तू सब-कुछ समझता और जानता है। मेरी तरफ से इस होने वाले बच्चे को कबूल कर!" ख़ुदा ने इमरान की बीबी की प्रार्थना मंजूर कर ली।

कुछ दिन बाद उन्होंने बेटी जनी। यह लड़की बहुत सुन्दर थी। अब फिर इमरान की बीबी ने प्रार्थना की-"ऐ ख़ुदा! मैंने यह बेटी जनी है। मैं इसे और इसकी औलाद को तेरी शरण में भेंट करती हूँ।" ख़ुदा ने खुशी-खुशी इस लड़की को स्वीकार लिया। लड़की का नाम मरियम रखा गया।

मरियम का पालन-पोषण कौन करे? ख़ुदा के सामने यह प्रश्न आया तो उसने बहुत से लोगों से इसकी चर्चा की। उन लोगों में से बहुत से मरियम का पालन-पोषण करने का अधिकार पाने के लिए उत्सुक हो उठे। ख़ुदा ने कहा-"अच्छा, आप सबके नाम का एक-एक तीर दरिया में छोड़ा जाता है, जिसका तीर बहाव के विरुद्ध चलकर ऊपर को चढ़ेगा उसे ही मरियम का संरक्षक घोषित किया जाएगा।" अल्लाह की आज्ञानुसार सब लोगों ने अपने-अपने तीर छोड़े। हज़रत जक़रिया नामक एक व्यक्ति का तीर नदी के बहाव के विरुद्ध ऊपर को बहने लगा। और सबके तीर बहाव के साथ बह गए। बस, हज़रत जक़रिया को ही मरियम का संरक्षक बना दिया गया।

जक़रिया मरियम के स्थान पर जाते तो उसके पास खाने की कई प्रकार

की चीजें रखी हुई पाते। एक दिन जक़रिया ने पूछा-"ऐ मरियम! ये खाने की चीजें तुम्हारे पास कहाँ से आती हैं?"

मरियम ने जवाब दिया-"ये सब चीजें ख़ुदा के यहाँ से आती हैं। अल्लाह जिसे चाहता है, बेहिसाब रोजी देता है।"

फ़रिश्तों ने एक दिन मरियम से कहा-"ऐ मरियम! तुमको अल्लाह ने पसन्द किया और दुनिया की सब औरतों से बेहतर समझते हुए तुम्हें चुना। तुम अपने परवरदिगार के हुक्म को मानती रहो और उसके आगे सिर झुकाती रहो।" फ़रिश्तों ने आगे कहा "ऐ मरियम !ख़ुदा तुम्हें अपने उस हुक्म की खुशखबरी देता है कि जल्दी ही तुम्हारे पुत्र होगा और उसका नाम होगा-ईसा मसीह ! तुम्हारा बेटा इस दुनिया में और अगले जहान में भी इज्जत पाएगा और ख़ुदा के नज़दीकी बन्दों में से होगा। वह पालने में भी और बड़ा होकर भी सबके साथ अच्छी तरह बरताव करेगा!"

फ़रिश्तों की बात सुनकर मरियम बोली-"या मेरे परवरदिगार! ऐसा कैसे हो सकता है? मेरे लड़का कैसे पैदा होगा, जबकि मुझे तो कभी किसी मर्द ने छुआ भी नहीं?"

मरियम की बात सुनकर अल्लाह ने बहुत खुश होकर कहा-"मरियम! तुम घबराओ नहीं। मैं जो चाहता हूँ वह होकर ही रहता है ! मैं जिस चीज़ को पैदा करना चाहता हूँ उसी के लिए कह देता हूँ 'कुन' (हो) और वह हो जाती है! मरियम! तुम्हारा बेटा पैग़म्बर होगा और वह दुनिया में आते ही कहेगा- "मैं तुम्हारे पालनकर्ता की तरफ से तुम्हारे लिए निशानियाँ लेकर आया हूँ। मैं मिट्टी में पक्षी की शक्ल बनाकर फूंक मार दूँ तो वह उड़ने लगे। मैं ख़ुदा के हुक्म से जन्म के अंधों और कोढ़ियों को भला-चंगा और मुर्दों को जिन्दा कर सकता हूँ। तुम जो कुछ खाकर आओ वह और जो तुमने घरों में जमा कर रखा है वह सब तुम्हें बतला दूँ। ए मरियम! तू उस बच्चे की सब बातों पर यकीन करना।"

इसके कुछ दिन बाद ही मरियम ने एक बच्चे को जन्म दिया। बच्चे का नाम 'ईसा' रखा गया।

हज़रत नूह

आपकी क़ौम पहले तो एक ईश्वर पर विश्वास रखती थी, उसकी प्रार्थना करती थी, भविष्य जीवन का यक़ीन रखती थी और अच्छे कार्य करती थी। फिर जब इस क़ौम के अच्छे लोगों का जो चरित्रवान और पवित्र थे देहांत हो गया, तो और लोगों को इनके देहांत पर बहुत दुख हुआ, तो लोगों ने इनकी मूर्तियाँ बना ली, जिनको वे यह नाम दिया करते थेः वूद, सुवा, यग़ूस, यऊक़ और नस्र। फिर लोगों को इन मूर्तियों से प्रेम हो गया, और लोगों ने इन मूर्तियों को अपने मृत चरित्रवान लोगों का चिह्न बना लिया। शहर वाले इन मूर्तियों को अधिकतम स्थान देने लगे, उनका लक्ष्य उन मृत चरित्रवान लोगों को सम्मान देना था। इसी प्रकार से कई वर्ष बीत गये, यहाँ तक कि बड़ों का देहांत हो गया और छोटे बड़े हो गये, फिर छोटों ने इन मूर्तियों की समानता को और बढ़ाया, उनके सामने झुकने लगे, और फिर ये मूर्तियाँ इस क़ौम के दिलों में एक बड़ा स्थान बनाने लगी। जब दूसरा वंशज शुरू हुआ तो ये लोग इन मूर्तियों की प्रार्थना करने लगे, और कहने लगे कि ये ईश्वर हैं। जिनके सामने झुकना और सज्दा करना ज़रूरी है, परन्तु वे इन मूर्तियों की प्रार्थना करने लगे, और बहुत से लोग भटकने लगे।

ऐसे समय में ईश्वर ने इस क़ौम के पास नूह को भेजा, ताकि वह उन्हें सीधे पथ की ओर निर्देश करे, मूर्ति पूजा से उन्हें रोके और एक ईश्वर की प्रार्थना की ओर उन्हें बुलाये, परन्तु नूह अपने क़ौम के पास आये उन्होंने उनसे कहा कि ऐ क़ौम ! ख़ुदा ही की इबादत करो, उसके सिवा तुम्हारा कोई माबूद नहीं। (अल् मुमिनून, 23)

लेकिन इन लोगों ने नूह को इंकार किया, और उनकी एक बात भी स्वीकार नही की, तो नूह ने उन्हें डराया और ईश्वर के दण्ड से चेतावनी दी, और कहा मुझको तुम्हारे बारे में बड़े (सख़्त) दिन के अज़ाब का डर है। (अल् शुअरा, 135)

तो इन लोगों ने कहा तो जो उनकी क़ौम में सरदार थे, वे कहने लगे कि हम तुम्हें खुली गुमराही में (पड़े) देखते हैं। (अल् आराफ़, 60)

नूह ने उन्हें यह जवाब दिया उन्होंने कहा, ऐ क़ौम मुझमें किसी तरह की गुमराही नहीं है, बल्कि मैं दुनिया के परवरदिगार का पैग़म्बर हूँ। तुम्हें अपने परवरदिगार के पैग़ाम पहुँचाता हूँ और तुम्हारी खैर-ख्वाही करता हूँ और मुझ को ख़ुदा की तरफ़ से ऐसी बातें मालूम हैं, जिनसे तुम बे-ख़बर हो। (अल् आराफ़, 61-62)

तो नूह की बातों से उनकी क़ौम ताज्जुब में पड़ गई और कहने लगीः आप तो हमारी तरह ही एक मानव है, तो आप ईश्वर के रसूल कैसे हो सकते हैं? और जिन लोगों ने आपकी बातों का पालन किया है, वे सब दुर्जन हैं। फिर यह कि तुम्हें हमसे ज्यादा इज्ज़त नही है, परन्तु तुम लोग हमसे अधिक न उच्च स्थिति वाले हैं और न धनी, और हमारा यह ख्याल है कि तुम लोग अपनी इन बातों में झूठे हो। और इस क़ौम के लोग आपस में एक दूसरे से यह कहने लगे कि यह तो तुम ही जैसा आदमी है, तुम पर बड़ाई हासिल करना चाहता है और ख़ुदा चाहता तो फ़रिश्ते उतार देता। हमने अपने अगले बाप-दादा में तो यह बात कभी सुनी नहीं। इस आदमी को जो दीवानगी (का मरज़) है। (अल मुमिनून, 24-25)

इस क़ौम ने आपस में एक दूसरे को मूर्ति पूजा पर प्रोत्साहन दिया और कहने लगे कि अपने माबूदों को हरगिज़ न छोड़ना और वद्द और सुवाअ और यग़ूस और यऊक़ और नस्र को कभी न छोड़ना। (नूह, 23)

तो नूह ने उनसे कहा। क्या तुमको इस बात से ताज्जुब हुआ है कि तुम में से एक शख्स के हाथ तुम्हारे परवरदिगार की तरफ से तुम्हारे पास नसीहत आयी ताकि वह तुमको डराये। (अल् आराफ, 63)

और नूह दयालुता और कोमल पक्ष अपनाते रहे, लेकिन उनकी क़ौम और जिद्दी (जिद्धी) बनती गयी, और नूह उन्हें हर समय बुलाते रहे, यहाँ तक कि उन्होंने कहा। जब लोगों ने माना, तो (नूह ने) ख़ुदा से अर्ज की कि परवरदिगार मैं अपनी क़ौम को रात-दिन बुलाता रहा, लेकिन मेरे बुलाने से वे और ज्यादा भागते रहे। जब-जब मैंने उनको बुलाया कि (तौबा करें और) तू उनको माफ़ फ़रमाए, तो उन्होंने अपने कानों में उंगलियाँ दे ली और कपड़े ओढ़ लिए और अड़गये और अकड़ बैठे। (नूह, 5-7)

नूह ने उन्हें हर प्रकार से बुलाया। फिर मैं उनको खुले तौर पर भी बुलाता रहा, और खुले और छिपे हर तरह समझाता रहा और कहा कि अपने परवरदिगार से माफी माँगो कि वह बड़ा माफ करने वाला है। (नूह, 9-10)

इनमें से कुछ लोगों ने मामूली-मामूली बहाने बना लिए और कहने लगे कि क्या हम तुमको मान लें और तुम्हारी पैरवी करने वाले तो नीच लोग हुए हैं। (अल शुअरा, 111)

तो नूह ने उन्हें दयालुता और उपदेश के स्वर में यह जवाब दिया (नूह ने) कहा कि मुझे क्या मालूम कि वे क्या करते हैं। (अल् शुअरा, 112)

नूह ने उनसे यह कहा उनका हिसाबे (आमाल) मेरे परवरदिगार के जिम्मे है, काश तुम समझो। (अल् शुअरा, 113)

नूह ने उनसे यह भी कहा और मैं मोमिनों को निकाल देने वाला नही हूँ। (अल् शुअरा, 114) और जो लोग ईमान लाए हैं, मैं उनको निकालने वाला भी नही हूँ। (हूद, 29)

कैसे मैं उस समूह को अपने आप से दूर करदूँ, जो मुझ पर विश्वास रखते हैं, मेरी मदद करते हैं और मेरे संदेश को फैलाने में मेरी सहायता करते हैं? फिर उनसे कहा, और ऐ मेरी क़ौम के लोगों अगर मैं उनको निकाल दूँ तो ख़ुदा (के अज़ाब) से (बचाने के लिए) कौन मेरी मदद कर सकता है? भला तुम ग़ौर क्यों नही करते? (हूद, 30) मैं तो सिर्फ खोल-खोलकर नसीहत करने वाला हूँ। (अल् शुअरा, 115)

गोरे-काले, छोटे-बड़े, धनी-निर्धन और इज़्ज़तदार-बेइज्जतदार के बीच कोई अंतर किये बिना सारे लोगों को चेतावनी देते रहे, और जब लोगों के पास कोई सबूत न रहा, वे नूह की बातों का जवाब न दे सकें, तो लोगों ने नूह को पत्थरों से मार कर हत्या कर देने की धमकी दी। उन्होंने कहा कि नूह अगर तुम मानोगे नहीं तो पत्थर मार-मार कर हलाल कर दिये जाओगे। (अल् शुअरा, 116)

जब नूह को यह विश्वास हो गया कि यह लोग न बात सुनेंगें और न सीधे पथ पर चलेंगे, तो नूह ने ईश्वर से यह प्रार्थना की, कि वे उसको इस जिद्दी क़ौम से सुरक्षित रखे। (नूह ने) कहा कि परवरदिगार मेरी क़ौम ने तो मुझ को झुठला दिया। सो तू मेरे और उनके दर्मियान एक खुला फैसला कर दे और मुझे और जो मोमिन मेरे साथ हैं, उनको बचाले। (अल् शुअरा, 117-118)

तो अल्लाह ने नूह को कश्ती बनाने का आदेश दिया हमने उनकी तरफ़ वह्य भेजी है कि हमारे सामने और हमारे हुक्म से एक कश्ती बनाओ। (नूह, 27)

नूह ने कश्ती बनाना शुरू कर दिया। जब उनकी क़ौम के सरदार उनके पास से गुज़रते तो उनका मज़ाक़ उड़ाते। (हूद, 38)

तो नूह उन्हें बड़े प्यार और नर्मी से यह जवाब देते। तो जिस तरह तुम हमारा मज़ाक उड़ाते हो, उसी तरह (एक वक़्त) हम भी तुम्हारा मज़ाक उड़ाएँगे। (हूद, 38)

फिर नूह ने उन्हें धमकाया और ईश्वर से डराया और तुमको जल्द मालूम हो जाएगा कि किस पर अज़ाब आता है, जो उसे रुसवा करेगा और किस पर हमेशा का अज़ाब नाज़िल होता है? (हूद, 39)

नूह बड़ी मेहनत के साथ काम करने लगे, यहाँ तक कि कश्ती पूरी बन गयी। फिर ईश्वर ने नूह को यह आदेश दिया कि वह ईमान वालों को और हर प्राणी में से एक-एक जोड़े को अपने साथ कश्ती में बिठा ले यहाँ तक कि जब हमारा आदेश आ जाये और तंदूर उबल पड़े तो हम कहेंगे, हर जाति

में से दो-दो के जोड़े उसमें चढ़ा लो और अपने घरवालों को भी सिवाय ऐसे व्यक्ति के जिसके बारे में बात तय पा-चुकी है और जो ईमान लाया हो उसे भी। किन्तु उसके साथ जो ईमान लाये थे, वे बहुत थोड़े थे। (हूद, 40)

तो नूह ने ईमान वालों को और हर प्राणी में से एक-एक जोड़े को अपने साथ कश्ती में सवार कर लिया। उसने कहा, उसमें सवार हो जाओ। अल्लाह के नाम से इसका चलना भी है और इसका ठहरना भी निस्संदेह मेरा रब अत्यन्त क्षमाशील, दयावान है। (हूद, 41)

जब नूह ईमान वालों और जानवरों को लेकर कश्ती में सवार हो गये, और हर एक अपनी-अपनी जगह बैठ गया, तो ज़ोरदार बारिश होने लगी, और ज़मीन के अंदर से बहुत ज्यादा पानी निकलने लगा। तब हमने मूसलाधार बरसातें हुए पानी से आकाश के द्वार खोल दिए और धरती को प्रवाहित स्त्रोतों में परिवर्तित कर दिया और सारा पानी उस काम के लिए मिल गया जो नियत हो चुका था। और हमने उसे एक तख़्तों और कीलोंवाली (नौका) पर सवार किया जो हमारी निगाहों के सामने चल रही थी। यह बदला था उस व्यक्ति के लिए जिसकी क़द्र नही की गई। (अल क़मर, 11-14)

नूह अपने उस पुत्र को देखते रहे जो उन पर ईमान नहीं लाया, और डूब जाने के डर से भागने का प्रयास कर रहा था, तो नूह ने उसको आवाज़ दी नूह ने अपने बेटे को जो उससे अलग था, पुकारा, ऐ मेरे बेटे। हमारे साथ सवार हो जा। तू इनकार करने वालों के साथ न रह। (हूद, 42)

लेकिन पुत्र ने ईमान लाने से और अपने पिता की नसीहत सुनने से इंकार किया। और अपने पिता नूह से यह कहा उसने कहा मैं किसी पहाड़ से जा लगूँगा जो मुझे पानी से बचालेगा। (हूद, 43)

नूह अपने पुत्र की ओर प्रेम से देख रहे थे और यह कह रहे थे। आज अल्लाह के आदेश (फ़ैसले) से कोई बचाने वाला नहीं है (अतः कोई बच नही सकता) सिवाय उसके जिस पर वह दया करे। (हूद, 43)

बस कुछ ही क्षण बीते थे कि इतने में दोनों के बीच लहर आ पड़ी और डूबने वालों के साथ वह भी डूब गया। (हूद, 43)

नूह को अपने पुत्र पर तरस आया, तो वह उसकी मुक्ति के लिए ईश्वर से प्रार्थना करने लगे, क्योंकि ईश्वर ने नूह से उनके परिवार वालों को मुक्ति देने का वादा किया था, परन्तु नूह ने कहा नूह ने अपने रब को पुकारा और कहा मेरे रब ! मेरा बेटा मेरे घरवालों में से है और निस्संदेह तेरा वादा सच्चा है और तू सबसे बड़ा हाकिम भी है। (हूद, 45)

तो ईश्वर ने जिसने कि नूह के सदाचरण परिवार वालों को मुक्ति देने का वादा किया था, यह कहते हुए उत्तर दिया ऐ नूह वह तेरे घरवालों में से नहीं व तो सर्वथा एक बिगड़ा काम है। (हूद, 46)

धर्म में कोई दलाली नहीं है, परन्तु वह आपके परिवार का सदस्य नहीं है, और जब तक वह एक ईश्वर पर ईमान नही लायेगा, तो केवल आपका पुत्र होना ही उसके लिए कोई लाभ की बात नही होगी। जब पानी से सारी पृथ्वी डूब गयी और सारे काफ़िर नष्ट हो गये। और कहा गया, ऐ धरती। अपना पानी निगल जा। ज़मीन से निकलने वाला पानी बंद हो गया, और आकाश को यह आदेश दिया गया और ऐ आकाश तू थम जा। (हूद, 44)

आकाश बरसने से रुक गया, और बारिश थम गयी। और वह (नाव) जूदी पर्वत पर टिक गई। (हूद, 44)

यह वह पहाड़ है जिस पर नाव टिकी थी। नूह को यह आदेश दिया गया। कहा गया, ऐ नूह, हमारी ओर से सलामती और उन बरकतों के साथ उतर, जो तुझपर और उन गिरोहों पर होगी, जो तेरे साथ वालों में से होंगे। (हूद, 48)

नूह और उनके साथी ईमान वाली कश्ती से उतर गये, इन लोगों ने एक नगर बसाया, पौधे लगाये, अपने साथ लाये हुए जानवरों को छोड़ दिया, इस प्रकार से पृथ्वी में विकास होने लगा और लोग पीढ़ी-पीढ़ी के बाद बढ़ते गये।

यूसुफ

आपकी कूब के यहाँ तेरह बेटे थे। उन तेरह में से ग्यारह एक पत्नी से थे और दो दूसरी से। इन दो में से ही बड़े का नाम यूसुफ था।

एक दिन यूसुफ को स्वप्न दिखलाई दिया कि ग्यारह तारे, चाँद और सूरज उसके सामने झुककर सिज़दा कर रहे हैं। यूसुफ ने अपना स्वप्न याकूब को जाकर बतलाया। याकूब ने कहा-"बेटा, अपना यह स्वप्न अपने भाइयों को मत बतलाना। वे तुझसे वैसे ही जलते हैं। अगर तेरा स्वप्न उन्हें मालूम हो गया तो वे और भी अधिक जलने लगेंगे और तुझे नुकसान पहुँचाने की कोशिश करेंगे। बेटे! परवरदिगार तुझ पर बहुत मेहरबान हैं। वह तुझे सपने की बातों का मतलब लगाने की विद्या सिखलाएगा और बहुत अधिक दौलत तुझे देगा।"

याकूब के सब बेटों में यूसुफ सबसे खूबसूरत और लायक था इसीलिए याकूब सबसे ज्यादा मुहब्बत भी उसी से करता था। याकूब के दूसरे ग्यारह बेटे इस बात से चिढ़ते थे। उन सबने एक दिन याकूब से कहा-"अब्बाजान! हम सब जंगल में खेलने और फल खाने जाना चाहते हैं। आप यूसुफ को भी साथ में भेज दीजिए।" पहले तो याकूब ने मना किया लेकिन उन सबने बहुत जिद की तो यूसुफ को उनके साथ भेज दिया।

जंगल में पहुँचकर उन ग्यारह बेटों ने यूसुफ को एक अँधेरे कुएँ में ढकेल दिया और घर आकर अपने बाप से कहा- "अब्बाजान! हम जंगल में कबड्डी

खेल रहे थे और यूसुफ को कपड़ों के पास बैठा रखा था कि एक भेड़िया आया और उसे उठा ले गया।"

यह सुनकर याकूब बहुत दुखी हुआ, लेकिन अब किया क्या जा सकता था? उधर मिस्र के सौदागरों का एक काफ़िला उस जंगल से गुजरा, जिसमें यूसुफ एक अँधेरे कुएँ में पड़ा हुआ था। सौदागरों का भिश्ती कुएँ से पानी लेने गया तो यूसुफ डोल में चढ़कर कुएँ से बाहर निकल गया। काफ़िले वालों ने यूसुफ को अपने साथ छुपाकर उसे ले जाना चाहा लेकिन तभी ख़बर यूसुफ के भाइयों तक पहुँच गई। वे सौदागरों के पास आए और उन्होंने यूसुफ को बहुत सस्ते दामों में ही उनके हाथों गुलाम बनाकर बेच दिया। वे उसे अपने साथ ले गए।

मिस्र में पहुँचने पर वहाँ के बादशाह ने सौदागरों से उसे खरीद लिया और अपने महल में लाकर अपनी बेग़म जुलेखा से कहा-"इसका पालन-पोषण अच्छी तरह करो। मुमकिन है यह किसी दिन हमारे काम आए या हम इसे अपना बेटा ही बना लें।"

मिस्र के बादशाह के महल में रहते-रहते यूसुफ जवान हुआ तो बेग़म जुलेखा उस पर मोहित हो गई। एक दिन उसने मकान के दरवाज़े बन्द कर दिए और अपनी इच्छा यूसुफ पर प्रकट की। बेग़म की बात सुनकर यूसुफ बहुत घबराया और उसने ख़ुदा से इबादत की, कि मेरे दीन को बचाओ।

यूसुफ बेग़म के प्रेम-जाल से बचने के लिए महल से बाहर निकलने लगा तो बेग़म उसके पीछे भागी और उसका कुर्ता पकड़कर खींचने लगी; लेकिन यूसुफ नहीं रुका और उसका कुर्ता फट गया। तभी बादशाह अज़ीज़ दरवाज़े के पास आ गया। अज़ीज़ को देखते ही जुलेखा ने कहा-"जो शख्स तुम्हारी बीबी को बुरी नज़र से देखे, उसकी सजा यही है कि उसे कैद में डाल दिया जाए।"

यूसुफ ने अज़ीज़ से कहा-"मैंने नहीं, इसी ने मुझे बुरी नज़र से देखा है। इसका सबूत यह है कि मुझे रोकने के लिए इसने मेरा कुर्ता भी फाड़ दिया है।"

बादशाह अज़ीज़ ने कहा-"चलो, इसी बात पर फैसला रहा-अगर कुर्ता सामने से फटा होगा तो यूसुफ की बदकारी है; पीछे से फटा होगा तो ज़ुलेखा की ही नियत खराब थी।"

जाँच करने पर पता चला कि कुर्ता पीछे से ही फटा था। अज़ीज़ ने ज़ुलेखा को डाँटकर कहा-"औरत! सब बदकारी तेरी ही है। तू यूसुफ से माफी माँग।"

ज़ुलेखा ने माफी माँग ली।

शहर-भर की औरतों में यह बात फैल गई कि ज़ुलेखा अपने गुलाम से नाजायज़ मतलब हासिल करना चाहती है। ज़ुलेखा ने ये ताने सुने तो उसने एक महफ़िल का इन्तज़ाम किया और उसमें उन ताने देने वाली सभी औरतों को बुलाया। जब सब आ गईं तो फल तराशने के लिए एक-एक छुरी उन सबके हाथों में दे दी और ठीक उसी वक्त यूसुफ को वहाँ बुलवा लिया। यूसुफ की खूबसूरती को देखकर वे सब एकटक उसकी तरफ देखती रह गईं और उन्होंने छुरियों से अपनी उँगलियाँ काट ली। वे सब कहने लगीं-"या अल्लाह! यह तो इन्सान नहीं, कोई फ़रिश्ता है।"

इस पर बेग़म ज़ुलेखा ने कहा-"यही तो है वह, जिसके बारे में तुम मुझे ताने देने चली थीं!"- यूसुफ के बेकसूर साबित हो जाने के बाद भी बादशाह अज़ीज़ ने उसे बेग़म की निगाहों से दूर रखने के लिए यही मुनासिब समझा कि यूसुफ को कुछ समय के लिए जेल में डाल दिया जाए; और उसे जेल में डाल दिया गया।

यूसुफ के साथ दो आदमी और जेलखाने में दाखिल हुए। रात में उन दोनों ने स्वप्न देखे और सुबह होने पर स्वप्नों का अर्थ समझने की गरज से अपने-अपने सपने यूसुफ को बतलाए। एक ने कहा- "मैंने देखा है कि जैसे मैं शराब निचोड़ रहा हूँ।" दूसरे ने कहा-"मुझे ऐसा दिखलाई दिया कि मैं सिर पर रोटियाँ उठाए हुए हूँ और परिन्दे उसपर चोच मार रहे हैं

यूसुफ ने पहले व्यक्ति को बताया कि उसके सपने क़ा मतलब है कि उसे आज़ाद कर दिया जाएगा और वह जल्दी ही बादशाह की सेवा में लौट जायेगा और तब वह बादशाह के लिए अंगूर निचोड़कर शराब बनाएगा। दूसरे व्यक्ति को उसने बताया कि तुम्हारे का मायने यह है कि तुम्हें सजा ए मौत के बाद भी सूली पर चढ़ाया जाएगा और तब परिंदे तुम्हारे सर पर चोंच मारेंगे।

बादशाह तक ये बात पहुँची। सपने का मतलब सुनकर बादशाह बहुत खुश हुआ और यूसुफ से बोला-"हम तुम्हें शाही नौकरी में रखना चाहते हैं।"

यूसुफ ने जबाव दिया-"आप मुझे अपने खज़ाने पर रख लीजिए। मैं बहुत होशियार और ईमानदार हूँ।"

बादशाह ने यूसुफ की बात मान ली और उसे सरकारी खजाने का काम सौंप दिया।

उन्हीं दिनों यूसुफ के भाई रसद लेने के लिए वहाँ आए। वे यूसुफ को न पहचान सके लेकिन यूसुफ ने उन्हें पहचान लिया। फिर उसने अपने छोटे भाई और माँ-बाप को भी अपने पास ही बुला लिया।

यूसुफ के माँ-बाप आ गए तो उसने उन्हें एक ऊँचे तख्त पर बैठाया और उनके आगे माथा नवाया। और तभी यूसुफ ने अपने बाप याकूब से कहा-"अब्बा जान! यह मेरे बचपन के उस सपने का फल है जिसमें ग्यारह सितारे थे और चाँद सूरज भी!"